TIRADENTES

Darcy Ribeiro
TIRADENTES

global
editora

© **Fundação Darcy Ribeiro, 2013**
2ª Edição, Global Editora, São Paulo 2016
1ª Reimpressão, 2022

Jefferson L. Alves – diretor editorial
Gustavo Henrique Tuna – editor assistente
Flávio Samuel – gerente de produção
Flavia Baggio – coordenadora editorial
Fernanda Bincoletto – assistente editorial e revisão
Tathiana A. Inocêncio – projeto gráfico
Victor Burton – capa

CIP-BRASIL. CATALOGAÇÃO NA PUBLICAÇÃO
SINDICATO NACIONAL DOS EDITORES DE LIVROS, RJ

R369t

    Ribeiro, Darcy, 1922-1997
       Tiradentes / Darcy Ribeiro. – [2. ed.] – São Paulo: Global, 2016.

    ISBN 978-85-260-2255-3

      1. Brasil - História - Conjuração mineira, 1789. 2. Minas Gerais - História. 3. Brasil - Condições econômicas. 4. Portugal - Colônias - América. I. Título.

15-28989   CDD: 981.03
                                       CDU: 94(81)'1500/1822'

Obra atualizada conforme o
NOVO ACORDO ORTOGRÁFICO DA LÍNGUA PORTUGUESA

Global Editora e Distribuidora Ltda.
Rua Pirapitingui, 111 — Liberdade
CEP 01508-020 — São Paulo — SP
Tel.: (11) 3277-7999
e-mail: global@globaleditora.com.br

 Direitos reservados.
Colabore com a produção científica e cultural.
Proibida a reprodução total ou parcial desta
obra sem a autorização do editor.

Nº de Catálogo: **3655**

TIRADENTES

Aqui estamos, hoje, para evocar uns raros, bravos homens. Eram poetas, magistrados, empresários, sacerdotes, militares, todos mineiros. Gente muito inverossímil para uma revolução. Foram eles, entretanto, que, há duzentos anos, prefiguraram o Brasil que há de ser e se alçaram para edificá-lo.

Aqueles mineiros subversivos não só curtiram sonhos libertários de um Brasil utópico, mas lutaram e sofreram para concretizá-lo, plantando no chão do mundo uma pátria livre e soberana, próspera e feliz. Na luta por esta causa maior deram e perderam suas vidas. Um deles, pela morte na forca. Os outros, pelo desterro na África, onde também morreram em desengano.

Dentre eles, um se destaca assinaladamente. É Joaquim José da Silva Xavier, o Tiradentes. Ao contrário de seus companheiros, ricos e letrados, Tiradentes era um homem do povo. Seu saber de experiência feito vinha de sua vida de tropeiro, de minerador, de curador de doentes, de dentista afamado e de alferes. Mas, principalmente, de conspirador. Por essas qualidades e por seu talento de estadista, ultimamente revelado pelo revisionismo histórico, foi ele que se fez cabeça da conspiração, impondo seu comando a tantos homens poderosos e letrados da elite de Ouro Preto.

Tiradentes era por todos proclamado como o principal, por seu fervor republicano; por sua confiança nos mazombos brasileiros para criar um país próspero e fazer dele uma grande nação; por sua temeridade para ações subversivas, contra a ordem vigente e todo o seu aparato de dominação e opressão.

Evocamos os pensamentos e as ações daqueles conspiradores subversivos de Ouro Preto duzentos anos depois dos dias, dos meses, dos anos – parelhos com os da Revolução Francesa – em que eles se conjuraram, conspirando e planejando, tanto a luta que iriam travar como a reconstrução do Brasil, segundo um projeto próprio.

Todos tinham certeza de que, unidos, poderiam pôr as riquezas do Brasil a serviço do seu próprio povo. Queriam criar aqui uma República como a que a América Inglesa estava criando no norte, com autonomia e liberdade, na busca de sua própria felicidade. Aspirações elementares estas, se poderia dizer, hoje, se elas não fossem tão atuais e incumpridas. Ou não é verdade que para muita gente de hoje em dia ainda é ousado demais pensar no desenvolvimento autônomo do Brasil, na sua reconstrução para servir ao seu próprio povo?

Os conspiradores mineiros se inspiravam tanto no exemplo norte-americano como nas ideias libertárias que corriam o mundo e que eclodiriam, simultaneamente, na Revolução Francesa. Sua fé maior era no direito dos povos a viverem em liberdade, governando-se a si mesmos. Detestavam a tirania colonial portuguesa, sua forma brutal e arbitrária de governar e sua ganância sem limites.

Nestas bases é que se conjuraram para planejar uma República brasileira, livre, soberana e próspera. Ela teria uma bandeira branca, tendo no centro um rubro triângulo, evocativo da Santíssima Trindade e inscrito o lema virgiliano: "*Libertas quae sera tamen*", ou seja, "Liberdade, ainda que tarde". O hino nacional seria o "Canto Genetlíaco" de Alvarenga Peixoto:

> Esses homens de vários acidentes,
> Pardos e pretos, tintos e tostados,
> São os escravos duros e valentes,
> Aos penosos trabalhos acostumados:
> Eles mudam aos rios as correntes,
> Rasgam as serras, tendo sempre armados
> Da pesada alavanca e duro malho
> Os fortes braços afeitos ao trabalho.

Cuidando, embora, de não deixar nenhuma prova escrita que pudesse incriminá-los, os conjurados muito debateram para estabelecer as bases do que seria a República mineira, pelo menos, provavelmente brasileira, pela adesão das outras províncias, que eles mesmos estavam aliciando, principalmente a do Rio de Janeiro e a da Bahia.

Ainda que seja um despropósito cobrar dos subversivos mineiros, naquelas circunstâncias, uma Constituição escrita e um programa de governo, é, pelo menos, admirável o corpo de ideias que debateram. Segundos os testemunhos que se leem nos *Autos da Devassa*, ela seria:

- Uma República Parlamentar, com um parlamento em cada cidade e um central, provavelmente em São João del-Rei.
- O desembargador Gonzaga governaria nos três primeiros anos e depois haveria eleições anuais.
- Não haveria exército oficial, mas todos os cidadãos teriam suas próprias armas e serviriam, quando convocados.
- Os sacerdotes coletariam dízimos com que manteriam escolas, casas de caridade e hospitais em suas paróquias.
- Uma universidade seria criada em Ouro Preto.
- Seriam libertados os escravos, a começar pelos mulatos.
- As mulheres que gerassem e criassem muitos filhos receberiam prêmios pagos pela República.
- As dívidas para com o fisco português seriam perdoadas.
- Haveria plena liberdade de comércio com outras nações.
- Seriam derrogados os monopólios reais.
- Criariam indústrias, primeiramente de ferro e de pólvora, depois de toda manufatura.

Tiradentes tinha certeza certa de que se podia criar no Brasil uma República melhor e mais próspera que a América Inglesa, porque fôramos melhor dotados pela natureza, contando com recursos minerais de imensa riqueza, além de termos cidades mais belas e mais cultas que as norte-americanas. Destemido e ardente, Tiradentes andava sempre a dizer para quem quisesse ouvir: "Se todos quisermos, poderemos fazer deste país uma grande nação". Também repetia com frequência: "Ah! que se fossem todos do meu ânimo! O Brasil seria dos brasileiros." Irritado com os covardes, exclamava: "Vosmicê é daqueles que têm medo do bacalhau!" Tudo isso se lê nos *Autos da Devassa*.

Ali, também, em seu depoimento, o tenente João Antonio de Melo nos conta que Tiradentes o doutrinava dizendo:

> Este país de Minas Gerais era riquíssimo, mas tudo quanto produzia levavam para fora sem nele ficar cousa alguma de tanto ouro que nele se extrai; que os quintos não deviam também sair; e que os ofícios se deviam dar aos filhos destas Minas para dotes de suas filhas e sustentação de seus familiares. Que havia pouco se tenha despedido deste País um General carregado de dinheiro e que aí vinha outro fazer o mesmo.

Nos seus próprios depoimentos, Tiradentes primeiro nega-se a confirmar suas intenções de levante. Depois, diante das acareações, admite tudo que seus inquisidores já sabiam, cuidando sempre de não denunciar ninguém. Em seu quarto testemunho teria dito:

> Que é verdade, que se premeditava o levante, que ele Respondente confessa ter sido quem ideou tudo, sem que nenhuma outra pessoa o movesse, nem lhe inspirasse coisa alguma, e que tendo projetado o dito levante [...] entrou [...] a lembrar-se da independência, que este País podia ter, entrou a desejá-la, e ultimamente a cuidar do modo, por que poderia isso efetuar-se.

Numa das arguições, ele admite que:

> As potências estrangeiras se admiravam de que a América Portuguesa se não subtraísse da sujeição de Portugal, e que elas haviam de favorecer este intento.

Evocamos os conjurados de Ouro Preto, dois séculos depois de suas conspirações subversivas, de seu sofrimento no cárcere, de seu julgamento e condenação. Sobre seus pensamentos e seus feitos pesam duzentos anos de silêncio, de deturpação, de calúnia, ao longo dos quais só se tentou esconder a façanha extraordinária de sonhar e lutar para criar um mundo real, uma Nação brasileira feliz, livre e soberana.

É compreensível que os reinóis e os agentes nativos da opressão colonial assim o fizessem. Eles precisavam esconder a grandeza, a generosidade, a lucidez dos conspiradores mineiros. Doloroso é ver tantos Norbertos, tantos Capistranos e até pretensos historiadores acadêmicos de nossos dias assumirem a mesma postura de dúvida, de reticência, tudo fazendo para deturpar, minimizar aquele feito, o grande orgulho ideológico nacional, porque, se vitorioso, teria colocado o Brasil entre os povos vanguardeiros do mundo na luta pela República e pela Liberdade.

Mesmo vencidos, aqueles subversivos de ontem deixaram a gloriosa memória, que devemos preservar da luminosidade de seus ideais libertários e da generosidade de seus planos de reordenação da sociedade brasileira. Lamentavelmente, o que hoje prevalece nos nossos textos históricos é ainda a tibieza, a covardia de tristes escribas que, incapazes de grandeza, de heroísmo e de idealismo, precisam negá-las em todos.

É debaixo dessa capa de tantas décadas de falsidade, de calúnia, de deformação, que temos de garimpar a história verdadeira daqueles homens bravos, daqueles bravos dias. Quase cem anos se passaram, até que se desmontasse do poder a família lusitana reinante que esmagou a subversão mineira. Com efeito, a de Tiradentes se dá em 1792. A República só se proclama em 1889. Uma República tíbia, regida pelos antigos ministros do Império, que só sabiam ver como detestável qualquer ousadia libertária. Não é à toa que eles foram os últimos homens de Estado de todo o mundo a acabarem com a escravidão, sustentáculo do Império que caiu com ela.

Só depois da Revolução de 1930, surge um Brasil novo, predisposto a reformar a Nação para fazê-la servir ao povo. Só anos mais tarde, em 1936/38, são publicados os *Autos da Devassa*, que permitiriam reavaliar a extensão, a ambição e a grandeza da façanha ouropretana.

Durante todos aqueles longos anos, a obra principal dos historiadores – com raríssimas exceções – foi esconder o grande feito dos mineiros, borrá-lo da memória nacional. Primeiro, denominando a **Conjuração** com o nome de **Inconfidência Mineira**. Inconfidência quer dizer delação. Na verdade das coisas, essa designação é até correta para quem quer glorificar, não os nossos heróis sacrificados, mas os dedos-duros, que denunciaram os conspiradores para alcançar o perdão de suas dívidas fiscais, ou simplesmente para adular os poderosos do dia. Decorre daí esse fato inédito e até impensável de um povo chamar de delação ou inconfidência a gloriosa epopeia de seus maiores heróis, mártires da libertação.

Tamanho tem sido o peso de chumbo desse silêncio e dessa calúnia que chegam a ocorrer fatos verdadeiramente teratológicos. Por exemplo, nesta nossa querida cidade do Rio de Janeiro, tão bem servida por Tiradentes, onde os subversivos mineiros sofreram anos de prisão, onde ele próprio foi sacrificado, se dá um vergonhoso escárnio. Com efeito, no então chamado Largo da Lampadosa, hoje praça Tiradentes, onde ele foi enforcado e esquartejado, o herói que se cultua é o neto de Maria Louca, que ordenou sua condenação, morte e degradação, D. Pedro I. Não seria crível tamanha desfaçatez, se lá não estivesse a maior escultura equestre do Brasil, tripudiando sobre a memória de Tiradentes, exatamente no local onde foi enforcado.

Inumeráveis são os episódios em que o mesmo preconceito e a mesma má vontade para com os heróis mineiros, especialmente para com Tiradentes, se manifestam. Uns cobram dele o título de médico, tratando-o como curandeiro, num tempo em que não havia faculdade de medicina nenhuma neste País, para assim desmerecer seu gabado conhecimento de doenças e de remédios. Só se lhe reconhece a qualidade de dentista, mas esta mesma reduzida à imagem do homem de boticão, a tirar dentes pelo mato, quando o testemunho histórico é de que ele tinha uma extraordinária habilidade nas artes odontológicas.

Estes tristes historiadores de coração pequeno jamais quiseram examinar as evidências, tantas, de que Tiradentes estivera ao lado do outro brasileiro, ainda não identificado, que se entrevistou longamente com Thomas Jefferson, no sul da França, procurando apoio norte-americano para a guerra de libertação do Brasil.

Copiosa documentação, já acumulada e analisada, não autoriza dúvidas sobre a grandeza e o sacrifício dos conjurados, bem como sobre a complexidade dos seus planos e a coerência das suas articulações, visando ao levante libertário. O que nos falta é, ainda, coração para sentir seu chamamento para a grandeza. O que nos falta é, também, alma para nos apossarmos de seu heroísmo libertário. É lucidez para retomarmos sua coragem utópica de projetar o Brasil que há de ser. Falta-nos, sobretudo, diz o poeta, é cara para herdarmos as hirsutas barbas de Tiradentes, nosso herói máximo.

Tiradentes, para mim, é Ouro Preto, na beleza de suas igrejas, na dureza de suas pedras, na pureza de suas águas, nas matracas da Semana Santa, no silêncio de seu povo que vive, vigia e espera. Onde, em Minas, hoje, um desembargador subversivo? Um poeta revolucionário? Um padre conspirando contra a ordem? Um empresário ousando sonhar com um Brasil autônomo e próspero, de prosperidade generalizável a todos?

Nada disso há mais em meu povo escarmentado pelo suplício de seus heróis. Todos abaixaram a cabeça submissos. Servis, se entregam à longa, secular, espera. Espera de outros heróis assinalados que venham convocar Minas, uma vez mais, para o sonho utópico e para a luta revolucionária. Disso vive a dignidade que sobrevive em Minas, da recordação cálida daqueles altos dias, do recôndito desejo de que voltem a altivez, a vergonha e a combatividade.

Falo essa minha fala tão atento à historiografia revisada como ao sentimento que suscita minha paixão pelos insurgentes de minha terra mineira. Vamos reconstituir aqui, resumidamente, passo a passo, aquela Minas prístina do ouro e da cobiça, da opressão colonial e do escravismo. Mas também, e ao mesmo tempo, da criatividade cultural, da temeridade utópica e da subversão libertária.

Tudo começou quando uns mamelucos paulistas, depois de séculos de busca persistente, deram com o cascalhal de ouro maior que jamais se viu. Tamanho, que aquelas terras tomaram o nome de Minas Gerais. Tudo ali parecia ser ouro.

A notícia do prodígio correu célere, movendo multidões para aquelas terras, até então indevassadas. Vinha gente de todas as províncias, principalmente da Bahia, de São Paulo, de Pernambuco. Muitíssimos, demasiados, vieram de Portugal. Brigando muito uns com os outros, sobretudo os lusitanos e os baianos contra os pioneiros paulistas.

A gente mais numerosa que lá foi ter, porém, não escolheu Minas para seu sítio de viver e morrer. Foi o milhão de escravos, caçados na África. Para cá trazidos, mar adentro pelos tumbeiros. Vendidos na praia e de lá tangidos à força de chibata, atados uns aos outros por gargalheiras e correntes, nos comboios em que conduziam a si mesmos por cem léguas, dos portos até as altas montanhas de Minas. Foram esses negros que fizeram o substrato genético do povo mineiro. Foram esses negros que edificaram as cidades. Foram esses negros que juntaram tanto ouro, que multiplicaram por três a quantidade de ouro existente no mundo.

Poucas décadas depois da descoberta, Minas já era a província mais populosa das Américas. Logo, era a mais rica e suas cidades ativadas por um reflorestamento cultural tão intenso, como raramente se viu.

Ali surgiram, quase no curso de duas gerações, várias cabeças brilhantes em diversos campos das artes, das letras, da música e, também, da consciência crítica e do pensamento político.

Este milagre cultural é o que nos ficou da imensa riqueza, arrancada dos cascalhais. Metade dela pagou os escravos que se importavam – negócio que chegou a ser o mais lucrativo que o homem branco jamais empreendeu. Outra montanha de ouro foi para Portugal. Para a Corte, que passou a se dar uma vida de fausto, exigindo anualmente um mínimo de cem toneladas de ouro, para custeio de seus luxos. Este ouro quase todo foi dar na Inglaterra. Só nisso foi fecundo, lá custeou a modernização da sociedade inglesa e financiou a Revolução Industrial, que criaria uma nova civilização.

O que ficou no Brasil foi o moreno povo mineiro afundado na pobreza, foram as igrejas que aqui se edificaram, se ornaram, dando ao barroco romano uma nova e singular dimensão. Foi o florescimento cultural de Minas, que, além da arquitetura das igrejas, de uma extraordinária escultura, nos deu também uma pintura, uma música e até uma literatura, as mais altas que o Brasil conheceu. Minas nos deu, então, o talento musical de Lobo de Mesquita, a criatividade plástica do Mestre Ataíde, a poesia lírica de Cláudio, o pensamento crítico de Gonzaga, a genialidade do Aleijadinho, a fibra heroica e utópica de Tiradentes, leitor lúcido da Constituição norte-americana, militante da Revolução Francesa.

Eu, que vivi grande parte de minha vida criando e reformando universidades, sempre olhei com assombro aquele milagre extraordinário. Admito que sei formar quantos físicos, dentistas, médicos, advogados me peçam, mil ou 10 mil, dá no mesmo. Não sei é fazer um só Aleijadinho. Nem um só Tiradentes. Ninguém sabe. O milagre surge raramente e onde ele se dá floresce uma criatividade singular e nova, como a flor que brota, inesperada, contrastando com tudo o que há em volta.

Por falar no Aleijadinho, deixem-me reclamar aqui o que contra ele também se fez, reduzindo sua imagem a uma caricatura grotesca, tal como ocorreu com Tiradentes. Do Aleijadinho se diz que se arrastava como um batráquio. Tinha que ser levado por seus escravos, andaimes acima, para esculpir seus medalhões esplêndidos como os da Igreja de São Francisco e tantas obras mais, feitas nos seus últimos anos de vida. Tudo baseado no depoimento de uma nora, dado quarenta anos depois de sua morte, e que nunca o vira na vida.

Com Tiradentes ocorre a mesma coisa. Os historiadores se deliciam em dizer que era feio, tinha olhos esbugalhados. Que seria até repelente e que a tosca e rude eloquência com que falava provocava mais medo e pasmo que admiração.

Dos dois se quer fazer santos. Tiradentes, retratado com cara de Cristo, beijando mãos e pés do carrasco que ia enforcá-lo. O Aleijadinho, já sem mãos, esculpindo com ferramentas amarradas nos tocos de seus braços. Tudo mentira. Eu os imagino esplêndidos. Aleijadinho, belo mulato como as melhores imagens que esculpiu. Tiradentes, como bravo guerreiro libertário.

A evidência maior do empenho que se pôs e se põe ainda em minimizar a figura de Tiradentes, para esconder tudo o que dê relevo à Insurreição Mineira, e o tratamento dado, até recentemente, à presença dele e de outros mineiros nos entendimentos realizados no sul da França, entre conspiradores mineiros e Thomas Jefferson, embaixador plenipotenciário da América Inglesa, junto à corte de Paris.

Há evidência suficiente levantada originalmente por M. Rodrigues Lapa[1] e, depois, copiosamente, por Helena Brans,[2] com base, primeiro, no depoimento de Antonio de Oliveira Lopes e assentada, depois, em numerosa documentação, de que o pseudônimo Vendek, referente a dois emissários brasileiros, se referia, muito provavelmente, a Tiradentes e, talvez também, ao padre Rolim.

O testemunho do inconfidente Antonio de Oliveira Lopes não podia ser mais expressivo. Depois de delatar, num primeiro depoimento, a seu primo Domingos Vital Barbosa, contando que ouvira dele referenciar a um estudante brasileiro que escrevera uma carta ao Ministro da América Inglesa, residente em Paris, reinquirido pelos juízes, especifica assim o que ouvira do primo:

> Que estando em Montpellier andavam lá dois enviados, que não sabe o nome nem a dita tes-

---

1 LAPA, Manoel Rodrigues. Tiradentes em Lisboa. *Suplemento Literário*, Minas Gerais, 14 dez. 1968.
2 VENTURELLI, Isolde Helena Brans. *Tiradentes face a face*. Rio de Janeiro: Xerox, 1993.

temunha lhe disse, que um era da Lapa do Rio de Janeiro, mandado pelos comissários desta cidade para tratarem com o ministro da América Inglesa, residente em França, da liberdade da América Portuguesa, e que a este respeito tiveram os ditos enviados algumas conferências com o dito ministro, a uma das quais assistira a testemunha referente, e que o dito ministro dissera que tinha dado aviso a sua nação, e que estava pronta a socorrê-los com naus e gente, pagando-lhe os soldos e obrigando-se a tomar-lhes o bacalhau e o trigo; que depois de fazerem cá o rompimento avisassem logo para lhes vir o socorro e que falaria também a el-rei da França para se inclinar a socorrê-los; que um dos enviados dissera que a nação de que se temiam era a Espanhola por ser confinante, ao que o dito ministro lhe respondera que não temessem porque era uma nação lerda, e que o Rio de Janeiro era uma praça que se defendia bem, e que se fosse necessário usassem de balas ardentes sem se embaraçarem com as leis do papa.[3]

---

3 *Autos de devassa*. Rio de Janeiro, 1936. v. III, p. 383-384.

A confirmação desses entendimentos daria outra dimensão às lutas mineiras pela independência do Brasil. Por isso mesmo é que precisava ser negada por toda a historiografia escrita para o trono. Nossa independência só não se alcança, então, pela delação que desbaratou o núcleo ouropretano e pelo misto de brutalidade e de sagacidade com que os agentes da coroa portuguesa defendiam sua presa mais preciosa.

Os entendimentos com Thomas Jefferson começam com cartas de Joaquim José da Maia, estudante de Coimbra e de Paris, enfermo já de tuberculose e que morreria antes dos acontecimentos que aqui analisamos. Através dessas correspondências, se acerta um encontro bem definido, na cidade de Nimes, e um outro, muito provável, que deve ter ocorrido também no sul da França. Dele, Jefferson dá notícias em carta circunstanciada, detalhadíssima, a seu Governo, com dados que só pode ter colhido de pessoas vindas do Brasil, muito bem informadas, como bem podiam ser aqueles dois citados mineiros: Rolim e Tiradentes.

O certo é que por toda a Europa, naqueles anos prévios da Revolução Francesa e posteriores à Revolução Americana, muito se discutia a liberdade dos povos americanos. Exemplar neste sentido é a proposição do Conde de Aranda, embaixador espanhol em Paris. Suspeitando que era inevitável a emancipação de toda a América Meridional, o Conde planeja um acordo diplomático, pelo qual o Brasil e o Peru seriam dados a um príncipe da Casa de Bragança, em troca da desistência da coroa portuguesa de seus direitos sobre Portugal, que seria incorporado à Espanha. Velho sonho espanhol. Velhíssimo temor português.

O completo esclarecimento desses fatos, particularmente dos entendimentos com Thomas Jefferson, constitui, a meu juízo, a tarefa mais desafiante da historiografia brasileira. Confirmada, ela dará uma dimensão nova à Insurreição Mineira, como parte da luta das Américas pela libertação. Mas, sobretudo, redesenhará, em toda a sua estatura, a figura histórica de Tiradentes, emprestando-lhe o papel, não só de homem de ação, de militante combativo, mas de estadista. Só assim, aliás, se compreende como aquele homem, aparentemente rude, descrito como um tropeiro, tirador de dentes, foi capaz de impor sua liderança a tantos conspiradores ricos e letrados e até a altas patentes militares. Ele, que era um simples alferes.

Para desenhar a figura de Tiradentes é preciso, também, recordar seus comprovados projetos, levados até ao detalhe, de canalização dos rios Andaraí e Maracanã para prover de água potável o povo do Rio de Janeiro; bem como de construção de um trapiche para depósito de trigo no Porto do Rio de Janeiro; além de um posto de embarque e desembarque de gados, na chamada Praia dos Mineiros.

A primeira questão que se coloca é como explicar que aquele homem, descrito como pobretão, inculto e rude, pudesse estar metido em empreendimentos tão grandes, cuja consecução exigiu contatos diretos e ordens expressas da Rainha Maria I; e que estava em plena concretização, quando se deu o desastre. A hipótese ousada do revisionismo histórico é que, atrás dessas empresas comerciais de Tiradentes, estaria sua atividade principal de conspirador, buscando na Europa apoio para a libertação do Brasil.

A documentação, até agora analisada, indica que nas conversações com Jefferson se teria chegado a detalhes do aconselhamento sobre a fórmula melhor de realizar o levante. Inclusive a sugestão de que se apresasse os quintos, uma vez realizada a derrama, para com eles custear a guerra de libertação. Aqui se vê também, claramente, o interesse norte-americano de fazer-se pagar, em ouro, pelo serviço das tropas de mercenários, dos navios e armas que para cá mandassem, assim como num tratado comercial em que os Estados Unidos nos forneceriam trigo e bacalhau, em troca dos produtos brasileiros de exportação, expressamente relacionados por Jefferson em sua carta.

A viabilidade principal da nossa guerra de libertação se fundava na quase total inacessibilidade da região das minas, desde que a insurreição ali fosse vitoriosa e na possibilidade de estender as lutas até o Rio e a Bahia, inclusive com o uso de negros e mulatos quilombolas, para isso especialmente aliciados, como aliados de guerra.

Outro fundamento da praticidade da insurreição era o apoio entusiástico que alcançava a ideia da independência e até a utopia republicana, por parte dos homens de letras. Principalmente do clero, quase todo composto de brasileiros, que construíam, aliás, a camada mais instruída da população. Relaciona-se, também, com a possibilidade do apoio de comandos militares das próprias tropas reais, que estavam, em parte, em mãos de brasileiros.

Fracassada a Insurreição Mineira pelas delações registradas na História, os conspiradores foram presos, primeiro, em Ouro Preto, depois, no Rio de Janeiro, e, por três anos, maltratados, inquiridos, acareados, humilhados.

A defesa de todos os indiciados foi entregue ao advogado da Santa Casa da Misericórdia, que teve cinco dias para conhecer os volumosos autos, resultantes do processo judiciário, de duas devassas e de sucessivos interrogatórios e acareações. Seu trabalho consistiu, principalmente, em admitir que houve tão só uma intenção loquaz de conspiração e pedir a clemência da rainha e dos seus magistrados. Doze foram condenados à morte na forca e os outros ao degredo e à chibata.

O acórdão dos juízes de Maria Louca assim reza:

Condenam ao réu Joaquim José da Silva Xavier, por alcunha o Tiradentes, alferes que foi da tropa paga da Capitania de Minas, a que, com baraço e pregão, seja conduzido pelas ruas públicas ao lugar da forca, e nela morra morte natural para sempre, e que depois de morto lhe seja cortada a cabeça e levada a Vila Rica, onde no lugar mais público será pregada em um poste alto, até que o tempo a consuma, e o seu corpo será dividido em quatro quartos, e pregado em postes, pelo caminho de Minas, no sítio da Varginha e das Cebolas, onde o réu teve as suas infames práticas, e os mais nos sítios de maiores povoações, até que o tempo também os consuma, declaram o réu infame, e seus filhos e netos tendo-os, e os seus bens aplicam para o Fisco e Câmara Real, e a casa em que vivia em Vila Rica será arrasada e salgada, para que nunca mais no chão se edifique, e não sendo própria será avaliada e paga a seu dono pelos bens confiscados, e no mesmo chão se levantará um padrão pelo qual se conserve em memória a infâmia deste abominável réu.

A onze deles foi reservada uma pena adicional, a do desespero. Eles vinham de anos de cárcere, em isolamento, nas condições mais perversas, nas prisões da Ilha das Cobras e da Fortaleza de Santa Cruz. Reunidos todos na capela mortuária, cada um deles ouviu sua condenação, idêntica à de Tiradentes: morte na forca, decapitação, cabeça exposta frente à casa onde viveu, declaração de infâmia para os filhos e confisco dos bens. Todos sofreram inteira, em desespero, a dor de suas mortes proclamadas. Ouviram o terrível veredito e carpiram por dois dias a tortura do desespero de suas vidas perdidas.

A sentença real lida aos réus, na capela, condena à morte o alferes Joaquim José da Silva Xavier, o Tiradentes, autor e cabeça da subversão projetada, entusiasta da República norte-americana, recém-chegado da Europa, segundo anotação de seu próprio advogado.

Também condena à morte o tenente-coronel Inácio José de Alvarenga Peixoto, grande poeta satírico, autor das *Cartas chilenas*, marido de Bárbara Eliodora.

Por igual, condena à pena maior o tenente-coronel Francisco de Paula Freire de Andrade, grande fazendeiro, comandante do regimento em que servia Tiradentes.

Também condenado à morte foi o sargento-mor Luiz Vaz de Toledo Piza.

A pena capital também coube ao coronel Francisco Antonio de Oliveira, rico fazendeiro, que denunciou, em narração minuciosíssima, as negociações dos emissários brasileiros com Jefferson, na França.

A mesma condenação recaiu sobre o jovem José Álvares Maciel, graduado em Coimbra, com estágio na Inglaterra, que participou do encontro com Thomas Jefferson e que teria o encargo de promover a industrialização do Brasil Republicano.

A morte foi também a pena de Domingos Vidal Barbosa; de Domingos de Abreu Vieira; de Salvador do Amaral Gurgel, do capitão José de Rezende Costa e de seu filho.

Tiradentes, durante todo o julgamento se manteve altivo, chamando a si toda a culpa, pedindo perdão aos companheiros por não poder salvá-los. Daria até dez vidas, se as tivesse, dizia ele, para salvar cada um deles. Desta têmpera é que são feitos os heróis. Eles se sustentam, acho eu, do fervor de sua fé na causa que abraçaram, da certeza de que lutam pela boa causa e de que o opróbrio recairá amanhã sobre seus algozes.

Só no terceiro dia, o magistrado torturador veio anunciar-lhes, generoso, que a rainha há muito os perdoara, convertendo o enforcamento em eterno degredo na África. Isto significa que Sua Majestade decidiu deixar que a notícia dos múltiplos enforcamentos se difundisse bem, emocionando a todos, para depois fazer-se de magnânima.

A fúria da clemência real só não alcançou nosso primeiro grande poeta lírico, Cláudio Manuel da Costa, provavelmente suicidado na prisão, ainda em Ouro Preto.

Para vingar-se, a Rainha Louca mandou que seus bens fossem confiscados e seus filhos proclamados infames. Outros dois réus também escaparam pela mesma porta.

Dois sacerdotes, dado o prestígio da Igreja, conspiraram e se viram, não livres, mas condenados a cumprir pena em conventos portugueses. Um deles foi o padre José da Silva Oliveira Rolim, diamanteiro, mas revoltoso como sói acontecer com a gente de Diamantina, muito propensa ao contrabando e à rebeldia. Não é improvável que Rolim tenha acompanhado Tiradentes, para, sob o pseudônimo de Vendek, encontrar-se com Thomas Jefferson. O certo é que para isso se preparou, e recursos tinha, de sobra, para custear a viagem. Também revoltoso e condenado, o vigário Carlos Corrêa de Toledo foi, por igual, mandado rezar no convento lusitano.

Foram condenados ao degredo perpétuo na África o desembargador Tomás Antônio Gonzaga, ouvidor da Vara de Ouro Preto, noivo e poeta, cantor de Marília; o coronel José Aires Gomes; Vicente Vieira, o estalajadeiro João da Costa Rodrigues, de Varginha, que, chorando, deixou no Brasil dez filhas donzelas; e o piloto Antonio de Oliveira Lopes.

Foram condenados ao açoite e ao degredo eterno o pardo Vitoriano Gonçalves Veloso, já morto; e Fernando José Ribeiro. Foi condenado ao açoite e a dez anos de cárcere, José Martins Borges. O capitão João Dias Vicente da Mota, lavrador, sofreria dez anos de degredo.

Os condenados que ouviram, antes, em desespero, a notícia de suas condenações à forca, se exaltaram em júbilo quando o magistrado leu a revogação da sentença de morte, convertida em degredo perpétuo na África que era tão só uma forma de morrer.

Somente sobre Tiradentes a pena de morte e execração se cumpriu inteira. E se cumpriu, com júbilo, na praça engalanada, com as tropas reais formadas em quadrado, comandadas por oficiais montados em cavalos de raça, arreados de prata e ornados de palas escarlates e douradas. A nobreza, em seus melhores trajes de gala, lá estava, alegre em local privilegiado. Os muitos juízes e meirinhos, bem como os sacerdotes, muitíssimos, lá estavam também, em seus trajes talares.

Era tudo uma festa em redor da alta forca que Tiradentes subiu através de vinte degraus, para ir ter com o carrasco que, seguindo a praxe, pediu seu perdão pela morte que lhe iria dar, não por vontade própria, mas por ordem da justiça.

Cumprida a sentença, um sacerdote assoma ao balaústre para discursar à multidão uma arenga sobre o direito divino dos reis e a hediondez do crime de traição e lesa-majestade. O surpreendente é que esse orador sacro, Raimundo de Penaforte, falando ali ao lado do corpo ainda quente de Tiradentes, nos dá dele uma imagem digna. Diz ele, referindo-se a nosso herói, que ele foi:

um daqueles indivíduos da espécie humana que põe em espanto a mesma natureza. Entusiasta com o aferro de um Ranguer, empreendedor com um fogo de dom Quixote, habilidoso com desinteresse filosófico, afoito e destemido, sem prudência às vezes, e outras, temeroso ao ruído da caída de uma folha; mas o seu coração era bem formado.

Desceram, afinal, o corpo morto e ali, ao pé da forca, o decapitaram, esquartejaram, salgaram e depositaram na carroça que o levaria para as montanhas de Minas para cumprir a pena de escarmento, plantando seus despojos em altos postes. Inclusive sua cabeça que dependuraram já podre, derramando os miolos, no mais alto poste, posto na praça principal de Vila Rica.

Diz a lenda generosa que um mineiro anônimo subiu uma noite pelo poste, roubou o crânio de Tiradentes, e lhe deu sepultura cristã. O primeiro ato oficial de consagração de Tiradentes foi do governo mineiro que, logo após a Independência, mandou demolir o padrão de ignomínia, erguido em Ouro Preto, contra o herói-mártir da libertação nacional.

Permitam-me, aqui, um registro pessoal. Estando eu preso, uma vez, na Ilha das Cobras e na Fortaleza de Santa Cruz, rodei todas as celas que me deixaram ver, procurando adivinhar onde os subversivos mineiros tinham padecido sua prisão. Vivi aqueles meses, sempre ciente de que compartilhava com meus heróis o límpido azul do céu, a visão do mar bravio que esbate no paredão de granito, as velhas pedras dos pátios, as ásperas paredes e os hirtos portões, sempre fechados.

Louco que sou, invejei o destino heroico de Tiradentes, como invejaria depois, professadamente, a vida na morte de meus dois amigos, amados e apagados, Ernesto e Salvador. Era muito longínqua a possibilidade de que me matassem. Mas não tanto que eu não ouvisse de um oficial de marinha que me conduzia a julgamento a frase hedionda: *Queria levá-lo é para o fuzilamento*. Esta brutalidade, dita com ódio, só me despertou um riso na cara do boçal.

Sempre que penso nisso me lembro que ouvi de Allende, mais de uma vez, a afirmação de que ele não tinha pasta de herói, mas enfrentaria, com dignidade, o que desse e viesse. Como enfrentou. Do Che, sabemos todos que ele achava, no fundo do peito, que só importa mesmo a ternura.

Tiradentes, como vimos, andou tranquilo e altivo a marcha lúgubre para o cadafalso, o carrasco e o enforcamento. Cada um deles, chegada a hora, enfrentou sua morte com grandeza.

Aí estão eles, sempre estarão, a nos falar da dignidade humana.

A melhor reconstituição que conheço do drama dos conjurados é o grande painel de Portinari sobre a epopeia de Tiradentes. O registro dele, que mais me impressiona, é a figuração da gente do povo. Negros escravos, negros forros, mulatos livres e escravos, gente comum, vendo, assombrada, a enorme atrocidade. Seriam cativos sonhando com a liberdade. Seriam doentes que Tiradentes curou. Seriam simples gente brasileira, olhando aquela estranha festa de morte engalanada.

Uma preciosa visão poética desse episódio maior da História Pátria nos é dada por Sérgio Buarque de Holanda. Numa das raras vezes em que se permitiu poetar, ele compôs estes versos:

> Enquadrado na escolta, ele caminha
> Rufam tambores fúnebres ao passo
> Da lenta procissão range a carreta.
> A litania evola-se no espaço.
>
> Na praça do martírio ergue-se a forca
> E uma escada infinita espera o réu.
> Vinte degraus de horror. Vinte degraus
> De crime sob o azul neutro do céu.
>
> O condenado sobe, sem palavra,
> Ao patíbulo. Cala-se o tambor.

A litania emudece. O povo espera.
Movem-se os lábios frios do confessor.

Um minuto de séculos e o corpo
Tomba no vácuo, fruto decepado.
O calvário cumpriu-se. A luz se apaga
Nas pupilas imensas do enforcado.

Eu mesmo escrevi no meu romance *Migo* uma página sobre a emoção que me toma ao evocar Minas e seus heróis:

> Vendo estas Minas tão mofinas, quem diria, desatinado, que escarmentados, somos o povo destinado? Somos o tíbio povo dos heróis assinalados. Eles aí estão, há séculos, a nos cobrar amor à liberdade. Filipe grita, Joaquim José responde:
> – *Libertas quae sera tamen.*
> – *Liberdade, aqui e agora. Já!*
> A Filipe, esquartejado, como é que o acabaram? Os cavalos mais fortes dos brasis lá estavam: mordendo os freios, escumando, escoiceando na praça empedrada. Eram quatro. Um cavalo foi atrelado no seu braço esquerdo. Outro cavalo, na perna direita. O terceiro cavalo, no braço direito. O último cavalo, na perna esquerda. Cada cavalo, montado por um tropeiro encouraçado.

Açoitados, esporeados, os quatro cavalos dispararam, cada qual para seu lado. Mas lá ficaram parados, tirando faíscas com as ferraduras no pedral, atados que estavam na carne rija de Filipe. Chicoteados, esporeados de sangrar, afinal, com Filipe estraçalhado, partiu libertado o cavalo do braço direito, levando com o braço um pedaço do peito. Rápidos, instantâneos, os outros três cavalos dispararam, despedaçando Filipe, cada qual com seu pedaço.

O que fizeram quando os cavalos suados já longe pararam, cumprida a ordem hedionda? Os cavaleiros lá se foram, arrastando seus quartos pelas estradas, para o monturo de um antigo cascalhal. Lá no buraco preto, já pelo meio de cal, jogaram o que restava das carnes e ossos do herói e mais cal lançaram por cima. Filipe ferveu nas carnes parcas sua morte derradeira. Para todo o sempre, mataram Filipe. Mataram tão matado, que para todo o sempre será ele lembrado.

Meio século correu com o povo agachado até chegar a hora e a vez de outro assinalado. O destino caiu, coroou dessa vez a cabeça de Joaquim José, condenado pela Rainha Louca a morrer morte natural na forca, ser esquartejado e exposto para escarmento do povo. Despedaçado, lá ficaram suas partes, apodrecendo, até que o tempo as consumisse, como queria Dona Maria. Os quatro quartos plantados fedendo, na Estrada Real. A cabeça com a cabeleira e a barba, bastas, alçada num poste alto, em Ouro Preto, guardada por famintos urubus asas de ferro, bicos agudos: tenazes. Esses foram, só eles, seus coveiros. Acabado assim, tão acabado, sem ao menos a caridade de cal virgem, Tiradentes não se acabou nem se acaba. Prossegue em nós, latejando. Pelos séculos continuará clamando na carne dos netos de nossos netos, cobrando de cada qual sua dignidade, seu amor à liberdade.

As barbas as barbas as barbas
[...]
Aqui permanecerão,
[...]
À espera doutra cara
E doutra vergonha.

(Dantas Mota)

Esses são nossos heróis assinalados, símbolos de uma grandeza recôndita que havia. Ainda há, eu quero crer, mais rara que os ouros, por garimpar.

Maior que eles dois, porém, é a multidão que vou chamar. Veja:

— Venham, eu os convoco, venham todos. Venham aqui dizer da dor dos nervos dilacerados, do cansaço dos músculos esgotados. Venham todos, com suas tristes caras, com suas murchas ilusões, venham vestidos ou nus, tal como foram enterrados, se foram. Venham morrer aqui de novo suas miúdas mortes inglórias.

Venha primeiro você, você mineiro anônimo que furtou o crânio de Tiradentes, rezou por sua alma e o sepultou. Mas venham todos!

Você os vê? Foram milhões de almas vestidas de corpos imortais, doídos, os que aqui nessas Minas se gastaram. Olhe de novo pra eles, olhe bem. Veja só. No princípio, eram principalmente índios nativos e uns poucos brancarrões importados. Depois, principalmente negros, vindos de longe, africanos. Mas logo, logo, veja só: eram já multidões de mestiços, crioulos, daqui mesmo.

Esses milhões de gentes tantas são as mulas desta geena de lavar cascalhais. Vê você como eles todos nos olham, olhos baixos, temerosos, perguntando calados:

— Quem somos nós? Existimos, para quê? Por quê? Para nada?

Somos o povo dos heróis assinalados, mas somos mesmo é o povo dessas multidões medonhas de gentes, enganadas e gastadas. O povo escarmentado na carne e na alma. Somos o povo que viu e que vê. O povo que vigia e espera.

Minas estelar, páramo, mãe do ferro, mãe do ouro e do azougue. Mãe mineral, fulgor sulfúrico. Minas sideral, lusa quina de rocha viva enterrada além-mar. Minas antiga, cruel satrápia do fel e da agonia, sou eu que te peço: ponha um final nesta agonia: relampeia. Relampeia agora, peça a morte. Morra! Morra e renasça. Rolem pedras saltadas do mar petrificado; rolem, arrombem o subterrâneo paredão de granito que aprisiona o povo e o tempo, escravizando, sangrando, esfomeando, assassinando.

Minas, árvore alta. Minas de sangue, de lágrima, de cólera. Minas, mãe dos homens. Minas do esperma, do milho, da pétala, da pá, da dinamite. Minas carnal da flor e da semente. Minas mãe da dor, mãe da vergonha. Minas, minha mãe crepuscular.

Havemos de amanhecer!
O mundo se tinge com as tintas da antemanhã.
(Carlos Drummond de Andrade)

Este texto de Darcy Ribeiro constitui-se no discurso por ele proferido em 22 de abril de 1992 no evento *Sagração da Liberdade*, realizado no Rio de Janeiro, e que marcou o bicentenário do esquartejamento de Tiradentes.

Cronologia

1746

Filho de Domingos da Silva Santos e Antonia da Encarnação Xavier, Joaquim José da Silva Xavier nasce na Fazenda do Pombal, propriedade de seu pai situada na circunscrição da Vila de São João del-Rei, capitania de Minas Gerais. O dia exato de seu nascimento é incerto. Contudo, sabe-se que seu batismo se dá em 12 de novembro, na capela da Paróquia de Nossa Senhora do Pilar, em São João del-Rei, tendo como único padrinho seu tio Sebastião Ferreira Leitão. Joaquim é o quarto filho de um total de sete, sendo quatro homens e três mulheres.

1755

Em 2 de dezembro, falece sua mãe.

1757

Em 12 de dezembro, falece seu pai. A família se dispersa, e Joaquim fica sob os cuidados de seu padrinho de batismo, Sebastião Ferreira Leitão. É com seu tio Sebastião, o qual fica responsável pela sua criação até os 18 anos, que o jovem aprende o ofício de dentista prático.

1775

Em 1º de dezembro, Tiradentes senta praça no RCR-MG como alferes da 6ª Companhia do Regimento da Cavalaria de Minas Gerais, posição hierárquica intermediária entre tenente e cabo.

1777-1779

Serve no Rio de Janeiro e mora em casa alugada de Luís José da Gama, à custa da Fazenda Real.

1780

Estabelece-se em Sete Lagoas, Minas Gerais, como Comandante do Destacamento Local.

1781

É nomeado, em 9 de abril, Comandante do Destacamento do Caminho Novo, com a finalidade de construir uma variante no caminho de Vila Rica ao Rio de Janeiro, cortando a mata até o Registro de Paraibuna. A estrada é construída entre os anos de 1781 e 1783.

1784

O governador da capitania de Minais Gerais Luís da Cunha Meneses, em portaria de 16 de abril, designa o alferes Tiradentes a realizar diligências nas fronteiras a leste da capitania, nos limites com o Rio de Janeiro, com o intuito de examinar o potencial de extração de ouro daqueles sertões, as condições das matas para o estabelecimento de novas cidades, os rios da região e o contingente populacional que a habita.

1786

Em 31 de agosto, na Igreja Matriz de Vila Rica, Domingos de Abreu Vieira batiza Joaquina, filha de Tiradentes com Antônia Maria do Espírito Santo.
Realiza uma série de viagens ao Rio de Janeiro, e, até o ano de 1789, é responsável por conduzir algumas obras de melhoramento urbano da cidade.

1788

Entre os dias 10 e 11 de julho, o visconde de Barbacena assume o cargo de governador de Minas Gerais, tendo como uma das incumbências a imposição da derrama, visando cobrar a cota de ouro não paga e liquidar as dívidas dos contratadores.
Em 26 de dezembro, em Vila Rica, na residência do tenente-coronel Francisco de Paula Freire de Andrada, tem lugar uma importante reunião entre os inconfidentes.

1789

Em 10 de março, Tiradentes parte em viagem ao Rio de Janeiro.

Em 15 de março, em Cachoeira do Campo, Minas Gerais, Joaquim Silvério dos Reis denuncia a conspiração mineira ao visconde de Barbacena, governador de Minas Gerais.

Em 7 de março, Luís de Vasconcelos, vice-rei do Estado do Brasil, determina a abertura da devassa.

Em 23 de março, a derrama é suspensa pelo visconde de Barbacena.

Em 10 de maio, Tiradentes é preso no Rio de Janeiro. Pouco antes de ser preso, o alferes dá a Francisco Xavier Machado seu exemplar do livro *Recueil des Loix Constitutives des Etats-Unis de L´Amerique*, tradução para o francês de vários documentos da Revolução Americana, como a Declaração de Independência, os Artigos da Confederação e as Constituições de seis dos treze estados que compunham a República. O objetivo era que o volume fosse levado de volta a Minas Gerais. No entanto, Francisco leva o exemplar para o visconde de Barbacena, o que acaba provocando uma investigação paralela à devassa que seria levada adiante.

Em 22 de maio, na Fortaleza da Ilha das Cobras, no Rio de Janeiro, Tiradentes é submetido ao seu primeiro interrogatório, presidido pelo desembargador José Pedro Machado Coelho Torres, da Relação do Rio de Janeiro.

Em ofício de 16 de julho, Luís de Vasconcelos e Sousa comunica Martinho de Melo e Castro, Secretário de Estado da Marinha e Ultramar, a sublevação arquitetada na Capitania de Minas Gerais e a prisão de Tiradentes, no Rio de Janeiro.

1790

Em 18 de janeiro, na quarta inquirição a que é submetido, Tiradentes narra os fatos principais que integraram a sedição e declara ter sido ele o único idealizador do plano da conjuração.

Termina o mandato de vice-rei de Luís de Vasconcelos e Sousa e d. José Luís de Castro, conde de Resende, é nomeado para o posto e chega ao Rio de Janeiro.

1791

Em 14 de abril, na sexta inquirição a que é submetido, Tiradentes discorre sobre o relacionamento travado com seus companheiros, inocentando a todos que foram mencionados pelo juiz da Devassa.

1792

Em 18 de abril, a sentença dos inconfidentes é expedida pela Alçada. O decreto de clemência da rainha d.ª Maria I determina que os conspiradores, à exceção de Tiradentes, sejam exilados.

Em 20 de abril, d. José Luís de Castro envia ao brigadeiro Pedro Álvares de Andrade instruções a serem observadas pela tropa na ocasião da execução de Tiradentes.

Em 21 de abril, expede-se um mandado de execução que determina que no Rio de Janeiro o réu Tiradentes, "com baraço e pregão, seja levado pelas ruas públicas desta cidade, até o lugar da forca, [...] e que separada a cabeça, o corpo seja dividido em quartos e pregados em postes, nos lugares mais públicos".

Na manhã de 21 de abril, Tiradentes é escoltado pela cavalaria do vice-rei e conduzido a um grande patíbulo nas cercanias da cidade. Por volta das 11 horas, sob forte sol, é executado.

Sobre o autor

Acervo Fundar

Mineiro de Montes Claros, o antropólogo, educador e escritor Darcy Ribeiro (1922-1997) realizou muita coisa ao longo de sua vida: defendeu os índios, foi professor universitário, escreveu romances e ocupou cargos importantes na política brasileira. Sempre colocou em prática seu conhecimento a favor de melhores condições de vida aos mais necessitados. O que mais Darcy procurava transformar em seu país era a educação. Para isso não economizou esforços. Seu sonho era fazer com que o analfabetismo do povo brasileiro fosse parte do passado. Entre suas várias realizações, também escreveu livros para crianças e jovens. Apaixonado que era pelo Brasil, Darcy traçou este perfil de Tiradentes, homem que, assim como nosso genial antropólogo, transformou sua dose de indignação em efetiva ação política.

Impresso por :

gráfica e editora
Tel.:11 2769-9056